全国人民代表大会常务委员会公报版

中华人民共和国
生物安全法

中国民主法制出版社

图书在版编目（CIP）数据

中华人民共和国生物安全法/全国人大常委会办公厅供稿.—北京：中国民主法制出版社，2020.11
ISBN 978-7-5162-2300-0

Ⅰ.①中… Ⅱ.①全… Ⅲ.①生物工程—安全管理—法律—中国 Ⅳ.①D922.17

中国版本图书馆 CIP 数据核字（2020）第 212885 号

书名/中华人民共和国生物安全法

出版·发行/中国民主法制出版社
地址/北京市丰台区右安门外玉林里 7 号（100069）
电话/（010）63055259（总编室）　63058068　63057714（营销中心）
传真/（010）63055259
http：//www.npcpub.com
E-mail：mzfz@ npcpub.com
经销/新华书店
开本/32 开　850 毫米×1168 毫米
印张/2　字数/32 千字
版本/2020 年 11 月第 1 版　2020 年 11 月第 1 次印刷
印刷/北京天宇万达印刷有限公司

书号/ISBN 978-7-5162-2300-0
定价/8.00 元
出版声明/版权所有，侵权必究。

（如有缺页或倒装，本社负责退换）

目 录

中华人民共和国主席令（第五十六号） ………… （1）

中华人民共和国生物安全法 ………………… （3）

关于《中华人民共和国生物安全法
（草案）》的说明 ……………………… （31）

全国人民代表大会宪法和法律委员会关于
《中华人民共和国生物安全法（草案）》
修改情况的汇报 ……………………… （40）

全国人民代表大会宪法和法律委员会关于
《中华人民共和国生物安全法（草案）》
审议结果的报告 ……………………… （49）

全国人民代表大会宪法和法律委员会关于
《中华人民共和国生物安全法（草案
三次审议稿）》修改意见的报告 ………… （55）

中华人民共和国主席令

第五十六号

《中华人民共和国生物安全法》已由中华人民共和国第十三届全国人民代表大会常务委员会第二十二次会议于 2020 年 10 月 17 日通过，现予公布，自 2021 年 4 月 15 日起施行。

中华人民共和国主席　习近平
2020 年 10 月 17 日

中华人民共和国生物安全法

（2020年10月17日第十三届全国人民代表大会常务委员会第二十二次会议通过）

目　　录

第一章　总　　则
第二章　生物安全风险防控体制
第三章　防控重大新发突发传染病、动植物疫情
第四章　生物技术研究、开发与应用安全
第五章　病原微生物实验室生物安全
第六章　人类遗传资源与生物资源安全
第七章　防范生物恐怖与生物武器威胁
第八章　生物安全能力建设
第九章　法律责任
第十章　附　　则

第一章 总　　则

第一条　为了维护国家安全，防范和应对生物安全风险，保障人民生命健康，保护生物资源和生态环境，促进生物技术健康发展，推动构建人类命运共同体，实现人与自然和谐共生，制定本法。

第二条　本法所称生物安全，是指国家有效防范和应对危险生物因子及相关因素威胁，生物技术能够稳定健康发展，人民生命健康和生态系统相对处于没有危险和不受威胁的状态，生物领域具备维护国家安全和持续发展的能力。

从事下列活动，适用本法：

（一）防控重大新发突发传染病、动植物疫情；

（二）生物技术研究、开发与应用；

（三）病原微生物实验室生物安全管理；

（四）人类遗传资源与生物资源安全管理；

（五）防范外来物种入侵与保护生物多样性；

（六）应对微生物耐药；

（七）防范生物恐怖袭击与防御生物武器威胁；

（八）其他与生物安全相关的活动。

第三条　生物安全是国家安全的重要组成部分。维护生物安全应当贯彻总体国家安全观，统筹发展和安全，坚持以人为本、风险预防、分类管理、协同配合的原则。

第四条 坚持中国共产党对国家生物安全工作的领导,建立健全国家生物安全领导体制,加强国家生物安全风险防控和治理体系建设,提高国家生物安全治理能力。

第五条 国家鼓励生物科技创新,加强生物安全基础设施和生物科技人才队伍建设,支持生物产业发展,以创新驱动提升生物科技水平,增强生物安全保障能力。

第六条 国家加强生物安全领域的国际合作,履行中华人民共和国缔结或者参加的国际条约规定的义务,支持参与生物科技交流合作与生物安全事件国际救援,积极参与生物安全国际规则的研究与制定,推动完善全球生物安全治理。

第七条 各级人民政府及其有关部门应当加强生物安全法律法规和生物安全知识宣传普及工作,引导基层群众性自治组织、社会组织开展生物安全法律法规和生物安全知识宣传,促进全社会生物安全意识的提升。

相关科研院校、医疗机构以及其他企业事业单位应当将生物安全法律法规和生物安全知识纳入教育培训内容,加强学生、从业人员生物安全意识和伦理意识的培养。

新闻媒体应当开展生物安全法律法规和生物安全知识公益宣传,对生物安全违法行为进行舆论监督,增强公众维护生物安全的社会责任意识。

第八条 任何单位和个人不得危害生物安全。

任何单位和个人有权举报危害生物安全的行为；接到举报的部门应当及时依法处理。

第九条 对在生物安全工作中做出突出贡献的单位和个人，县级以上人民政府及其有关部门按照国家规定予以表彰和奖励。

第二章 生物安全风险防控体制

第十条 中央国家安全领导机构负责国家生物安全工作的决策和议事协调，研究制定、指导实施国家生物安全战略和有关重大方针政策，统筹协调国家生物安全的重大事项和重要工作，建立国家生物安全工作协调机制。

省、自治区、直辖市建立生物安全工作协调机制，组织协调、督促推进本行政区域内生物安全相关工作。

第十一条 国家生物安全工作协调机制由国务院卫生健康、农业农村、科学技术、外交等主管部门和有关军事机关组成，分析研判国家生物安全形势，组织协调、督促推进国家生物安全相关工作。国家生物安全工作协调机制设立办公室，负责协调机制的日常工作。

国家生物安全工作协调机制成员单位和国务院其他有关部门根据职责分工，负责生物安全相关工作。

第十二条 国家生物安全工作协调机制设立专家委

员会，为国家生物安全战略研究、政策制定及实施提供决策咨询。

国务院有关部门组织建立相关领域、行业的生物安全技术咨询专家委员会，为生物安全工作提供咨询、评估、论证等技术支撑。

第十三条 地方各级人民政府对本行政区域内生物安全工作负责。

县级以上地方人民政府有关部门根据职责分工，负责生物安全相关工作。

基层群众性自治组织应当协助地方人民政府以及有关部门做好生物安全风险防控、应急处置和宣传教育等工作。

有关单位和个人应当配合做好生物安全风险防控和应急处置等工作。

第十四条 国家建立生物安全风险监测预警制度。国家生物安全工作协调机制组织建立国家生物安全风险监测预警体系，提高生物安全风险识别和分析能力。

第十五条 国家建立生物安全风险调查评估制度。国家生物安全工作协调机制应当根据风险监测的数据、资料等信息，定期组织开展生物安全风险调查评估。

有下列情形之一的，有关部门应当及时开展生物安全风险调查评估，依法采取必要的风险防控措施：

（一）通过风险监测或者接到举报发现可能存在生物安全风险；

（二）为确定监督管理的重点领域、重点项目，制定、调整生物安全相关名录或者清单；

（三）发生重大新发突发传染病、动植物疫情等危害生物安全的事件；

（四）需要调查评估的其他情形。

第十六条 国家建立生物安全信息共享制度。国家生物安全工作协调机制组织建立统一的国家生物安全信息平台，有关部门应当将生物安全数据、资料等信息汇交国家生物安全信息平台，实现信息共享。

第十七条 国家建立生物安全信息发布制度。国家生物安全总体情况、重大生物安全风险警示信息、重大生物安全事件及其调查处理信息等重大生物安全信息，由国家生物安全工作协调机制成员单位根据职责分工发布；其他生物安全信息由国务院有关部门和县级以上地方人民政府及其有关部门根据职责权限发布。

任何单位和个人不得编造、散布虚假的生物安全信息。

第十八条 国家建立生物安全名录和清单制度。国务院及其有关部门根据生物安全工作需要，对涉及生物安全的材料、设备、技术、活动、重要生物资源数据、传染病、动植物疫病、外来入侵物种等制定、公布名录或者清单，并动态调整。

第十九条 国家建立生物安全标准制度。国务院标准化主管部门和国务院其他有关部门根据职责分工，制定和完善生物安全领域相关标准。

国家生物安全工作协调机制组织有关部门加强不同领域生物安全标准的协调和衔接，建立和完善生物安全标准体系。

第二十条 国家建立生物安全审查制度。对影响或者可能影响国家安全的生物领域重大事项和活动，由国务院有关部门进行生物安全审查，有效防范和化解生物安全风险。

第二十一条 国家建立统一领导、协同联动、有序高效的生物安全应急制度。

国务院有关部门应当组织制定相关领域、行业生物安全事件应急预案，根据应急预案和统一部署开展应急演练、应急处置、应急救援和事后恢复等工作。

县级以上地方人民政府及其有关部门应当制定并组织、指导和督促相关企业事业单位制定生物安全事件应急预案，加强应急准备、人员培训和应急演练，开展生物安全事件应急处置、应急救援和事后恢复等工作。

中国人民解放军、中国人民武装警察部队按照中央军事委员会的命令，依法参加生物安全事件应急处置和应急救援工作。

第二十二条 国家建立生物安全事件调查溯源制度。发生重大新发突发传染病、动植物疫情和不明原因的生物安全事件，国家生物安全工作协调机制应当组织开展调查溯源，确定事件性质，全面评估事件影响，提出意见建议。

第二十三条 国家建立首次进境或者暂停后恢复进境的动植物、动植物产品、高风险生物因子国家准入制度。

进出境的人员、运输工具、集装箱、货物、物品、包装物和国际航行船舶压舱水排放等应当符合我国生物安全管理要求。

海关对发现的进出境和过境生物安全风险，应当依法处置。经评估为生物安全高风险的人员、运输工具、货物、物品等，应当从指定的国境口岸进境，并采取严格的风险防控措施。

第二十四条 国家建立境外重大生物安全事件应对制度。境外发生重大生物安全事件的，海关依法采取生物安全紧急防控措施，加强证件核验，提高查验比例，暂停相关人员、运输工具、货物、物品等进境。必要时经国务院同意，可以采取暂时关闭有关口岸、封锁有关国境等措施。

第二十五条 县级以上人民政府有关部门应当依法开展生物安全监督检查工作，被检查单位和个人应当配合，如实说明情况，提供资料，不得拒绝、阻挠。

涉及专业技术要求较高、执法业务难度较大的监督检查工作，应当有生物安全专业技术人员参加。

第二十六条 县级以上人民政府有关部门实施生物安全监督检查，可以依法采取下列措施：

（一）进入被检查单位、地点或者涉嫌实施生物安全违法行为的场所进行现场监测、勘查、检查或者核查；

（二）向有关单位和个人了解情况；

（三）查阅、复制有关文件、资料、档案、记录、凭证等；

（四）查封涉嫌实施生物安全违法行为的场所、设施；

（五）扣押涉嫌实施生物安全违法行为的工具、设备以及相关物品；

（六）法律法规规定的其他措施。

有关单位和个人的生物安全违法信息应当依法纳入全国信用信息共享平台。

第三章　防控重大新发突发传染病、动植物疫情

第二十七条　国务院卫生健康、农业农村、林业草原、海关、生态环境主管部门应当建立新发突发传染病、动植物疫情、进出境检疫、生物技术环境安全监测网络，组织监测站点布局、建设，完善监测信息报告系统，开展主动监测和病原检测，并纳入国家生物安全风险监测预警体系。

第二十八条　疾病预防控制机构、动物疫病预防控制机构、植物病虫害预防控制机构（以下统称专业机

构）应当对传染病、动植物疫病和列入监测范围的不明原因疾病开展主动监测，收集、分析、报告监测信息，预测新发突发传染病、动植物疫病的发生、流行趋势。

国务院有关部门、县级以上地方人民政府及其有关部门应当根据预测和职责权限及时发布预警，并采取相应的防控措施。

第二十九条 任何单位和个人发现传染病、动植物疫病的，应当及时向医疗机构、有关专业机构或者部门报告。

医疗机构、专业机构及其工作人员发现传染病、动植物疫病或者不明原因的聚集性疾病的，应当及时报告，并采取保护性措施。

依法应当报告的，任何单位和个人不得瞒报、谎报、缓报、漏报，不得授意他人瞒报、谎报、缓报，不得阻碍他人报告。

第三十条 国家建立重大新发突发传染病、动植物疫情联防联控机制。

发生重大新发突发传染病、动植物疫情，应当依照有关法律法规和应急预案的规定及时采取控制措施；国务院卫生健康、农业农村、林业草原主管部门应当立即组织疫情会商研判，将会商研判结论向中央国家安全领导机构和国务院报告，并通报国家生物安全工作协调机制其他成员单位和国务院其他有关部门。

发生重大新发突发传染病、动植物疫情，地方各级人民政府统一履行本行政区域内疫情防控职责，加强组织领导，开展群防群控、医疗救治，动员和鼓励社会力量依法有序参与疫情防控工作。

第三十一条　国家加强国境、口岸传染病和动植物疫情联合防控能力建设，建立传染病、动植物疫情防控国际合作网络，尽早发现、控制重大新发突发传染病、动植物疫情。

第三十二条　国家保护野生动物，加强动物防疫，防止动物源性传染病传播。

第三十三条　国家加强对抗生素药物等抗微生物药物使用和残留的管理，支持应对微生物耐药的基础研究和科技攻关。

县级以上人民政府卫生健康主管部门应当加强对医疗机构合理用药的指导和监督，采取措施防止抗微生物药物的不合理使用。县级以上人民政府农业农村、林业草原主管部门应当加强对农业生产中合理用药的指导和监督，采取措施防止抗微生物药物的不合理使用，降低在农业生产环境中的残留。

国务院卫生健康、农业农村、林业草原、生态环境等主管部门和药品监督管理部门应当根据职责分工，评估抗微生物药物残留对人体健康、环境的危害，建立抗微生物药物污染物指标评价体系。

第四章　生物技术研究、开发与应用安全

第三十四条　国家加强对生物技术研究、开发与应用活动的安全管理，禁止从事危及公众健康、损害生物资源、破坏生态系统和生物多样性等危害生物安全的生物技术研究、开发与应用活动。

从事生物技术研究、开发与应用活动，应当符合伦理原则。

第三十五条　从事生物技术研究、开发与应用活动的单位应当对本单位生物技术研究、开发与应用的安全负责，采取生物安全风险防控措施，制定生物安全培训、跟踪检查、定期报告等工作制度，强化过程管理。

第三十六条　国家对生物技术研究、开发活动实行分类管理。根据对公众健康、工业农业、生态环境等造成危害的风险程度，将生物技术研究、开发活动分为高风险、中风险、低风险三类。

生物技术研究、开发活动风险分类标准及名录由国务院科学技术、卫生健康、农业农村等主管部门根据职责分工，会同国务院其他有关部门制定、调整并公布。

第三十七条　从事生物技术研究、开发活动，应当遵守国家生物技术研究开发安全管理规范。

从事生物技术研究、开发活动，应当进行风险类别判断，密切关注风险变化，及时采取应对措施。

第三十八条　从事高风险、中风险生物技术研究、开发活动，应当由在我国境内依法成立的法人组织进行，并依法取得批准或者进行备案。

从事高风险、中风险生物技术研究、开发活动，应当进行风险评估，制定风险防控计划和生物安全事件应急预案，降低研究、开发活动实施的风险。

第三十九条　国家对涉及生物安全的重要设备和特殊生物因子实行追溯管理。购买或者引进列入管控清单的重要设备和特殊生物因子，应当进行登记，确保可追溯，并报国务院有关部门备案。

个人不得购买或者持有列入管控清单的重要设备和特殊生物因子。

第四十条　从事生物医学新技术临床研究，应当通过伦理审查，并在具备相应条件的医疗机构内进行；进行人体临床研究操作的，应当由符合相应条件的卫生专业技术人员执行。

第四十一条　国务院有关部门依法对生物技术应用活动进行跟踪评估，发现存在生物安全风险的，应当及时采取有效补救和管控措施。

第五章　病原微生物实验室生物安全

第四十二条　国家加强对病原微生物实验室生物安全的管理，制定统一的实验室生物安全标准。病原微生物实验室应当符合生物安全国家标准和要求。

从事病原微生物实验活动，应当严格遵守有关国家标准和实验室技术规范、操作规程，采取安全防范措施。

第四十三条 国家根据病原微生物的传染性、感染后对人和动物的个体或者群体的危害程度，对病原微生物实行分类管理。

从事高致病性或者疑似高致病性病原微生物样本采集、保藏、运输活动，应当具备相应条件，符合生物安全管理规范。具体办法由国务院卫生健康、农业农村主管部门制定。

第四十四条 设立病原微生物实验室，应当依法取得批准或者进行备案。

个人不得设立病原微生物实验室或者从事病原微生物实验活动。

第四十五条 国家根据对病原微生物的生物安全防护水平，对病原微生物实验室实行分等级管理。

从事病原微生物实验活动应当在相应等级的实验室进行。低等级病原微生物实验室不得从事国家病原微生物目录规定应当在高等级病原微生物实验室进行的病原微生物实验活动。

第四十六条 高等级病原微生物实验室从事高致病性或者疑似高致病性病原微生物实验活动，应当经省级以上人民政府卫生健康或者农业农村主管部门批准，并将实验活动情况向批准部门报告。

对我国尚未发现或者已经宣布消灭的病原微生物，未经批准不得从事相关实验活动。

第四十七条 病原微生物实验室应当采取措施，加强对实验动物的管理，防止实验动物逃逸，对使用后的实验动物按照国家规定进行无害化处理，实现实验动物可追溯。禁止将使用后的实验动物流入市场。

病原微生物实验室应当加强对实验活动废弃物的管理，依法对废水、废气以及其他废弃物进行处置，采取措施防止污染。

第四十八条 病原微生物实验室的设立单位负责实验室的生物安全管理，制定科学、严格的管理制度，定期对有关生物安全规定的落实情况进行检查，对实验室设施、设备、材料等进行检查、维护和更新，确保其符合国家标准。

病原微生物实验室设立单位的法定代表人和实验室负责人对实验室的生物安全负责。

第四十九条 病原微生物实验室的设立单位应当建立和完善安全保卫制度，采取安全保卫措施，保障实验室及其病原微生物的安全。

国家加强对高等级病原微生物实验室的安全保卫。高等级病原微生物实验室应当接受公安机关等部门有关实验室安全保卫工作的监督指导，严防高致病性病原微生物泄漏、丢失和被盗、被抢。

国家建立高等级病原微生物实验室人员进入审核制度。进入高等级病原微生物实验室的人员应当经实验室负责人批准。对可能影响实验室生物安全的，不予批准；对批准进入的，应当采取安全保障措施。

第五十条　病原微生物实验室的设立单位应当制定生物安全事件应急预案，定期组织开展人员培训和应急演练。发生高致病性病原微生物泄漏、丢失和被盗、被抢或者其他生物安全风险的，应当按照应急预案的规定及时采取控制措施，并按照国家规定报告。

第五十一条　病原微生物实验室所在地省级人民政府及其卫生健康主管部门应当加强实验室所在地感染性疾病医疗资源配置，提高感染性疾病医疗救治能力。

第五十二条　企业对涉及病原微生物操作的生产车间的生物安全管理，依照有关病原微生物实验室的规定和其他生物安全管理规范进行。

涉及生物毒素、植物有害生物及其他生物因子操作的生物安全实验室的建设和管理，参照有关病原微生物实验室的规定执行。

第六章　人类遗传资源与生物资源安全

第五十三条　国家加强对我国人类遗传资源和生物资源采集、保藏、利用、对外提供等活动的管理和监督，保障人类遗传资源和生物资源安全。

国家对我国人类遗传资源和生物资源享有主权。

第五十四条 国家开展人类遗传资源和生物资源调查。

国务院科学技术主管部门组织开展我国人类遗传资源调查，制定重要遗传家系和特定地区人类遗传资源申报登记办法。

国务院科学技术、自然资源、生态环境、卫生健康、农业农村、林业草原、中医药主管部门根据职责分工，组织开展生物资源调查，制定重要生物资源申报登记办法。

第五十五条 采集、保藏、利用、对外提供我国人类遗传资源，应当符合伦理原则，不得危害公众健康、国家安全和社会公共利益。

第五十六条 从事下列活动，应当经国务院科学技术主管部门批准：

（一）采集我国重要遗传家系、特定地区人类遗传资源或者采集国务院科学技术主管部门规定的种类、数量的人类遗传资源；

（二）保藏我国人类遗传资源；

（三）利用我国人类遗传资源开展国际科学研究合作；

（四）将我国人类遗传资源材料运送、邮寄、携带出境。

前款规定不包括以临床诊疗、采供血服务、查处违法犯罪、兴奋剂检测和殡葬等为目的采集、保藏人类遗传资源及开展的相关活动。

为了取得相关药品和医疗器械在我国上市许可，在临床试验机构利用我国人类遗传资源开展国际合作临床试验、不涉及人类遗传资源出境的，不需要批准；但是，在开展临床试验前应当将拟使用的人类遗传资源种类、数量及用途向国务院科学技术主管部门备案。

境外组织、个人及其设立或者实际控制的机构不得在我国境内采集、保藏我国人类遗传资源，不得向境外提供我国人类遗传资源。

第五十七条 将我国人类遗传资源信息向境外组织、个人及其设立或者实际控制的机构提供或者开放使用的，应当向国务院科学技术主管部门事先报告并提交信息备份。

第五十八条 采集、保藏、利用、运输出境我国珍贵、濒危、特有物种及其可用于再生或者繁殖传代的个体、器官、组织、细胞、基因等遗传资源，应当遵守有关法律法规。

境外组织、个人及其设立或者实际控制的机构获取和利用我国生物资源，应当依法取得批准。

第五十九条 利用我国生物资源开展国际科学研究合作，应当依法取得批准。

利用我国人类遗传资源和生物资源开展国际科学研究合作，应当保证中方单位及其研究人员全过程、实质性地参与研究,依法分享相关权益。

第六十条　国家加强对外来物种入侵的防范和应对,保护生物多样性。国务院农业农村主管部门会同国务院其他有关部门制定外来入侵物种名录和管理办法。

国务院有关部门根据职责分工,加强对外来入侵物种的调查、监测、预警、控制、评估、清除以及生态修复等工作。

任何单位和个人未经批准,不得擅自引进、释放或者丢弃外来物种。

第七章　防范生物恐怖与生物武器威胁

第六十一条　国家采取一切必要措施防范生物恐怖与生物武器威胁。

禁止开发、制造或者以其他方式获取、储存、持有和使用生物武器。

禁止以任何方式唆使、资助、协助他人开发、制造或者以其他方式获取生物武器。

第六十二条　国务院有关部门制定、修改、公布可被用于生物恐怖活动、制造生物武器的生物体、生物毒素、设备或者技术清单,加强监管,防止其被用于制造生物武器或者恐怖目的。

第六十三条　国务院有关部门和有关军事机关根据职责分工,加强对可被用于生物恐怖活动、制造生物武器的生物体、生物毒素、设备或者技术进出境、进出口、获取、制造、转移和投放等活动的监测、调查，采取必要的防范和处置措施。

第六十四条　国务院有关部门、省级人民政府及其有关部门负责组织遭受生物恐怖袭击、生物武器攻击后的人员救治与安置、环境消毒、生态修复、安全监测和社会秩序恢复等工作。

国务院有关部门、省级人民政府及其有关部门应当有效引导社会舆论科学、准确报道生物恐怖袭击和生物武器攻击事件，及时发布疏散、转移和紧急避难等信息，对应急处置与恢复过程中遭受污染的区域和人员进行长期环境监测和健康监测。

第六十五条　国家组织开展对我国境内战争遗留生物武器及其危害结果、潜在影响的调查。

国家组织建设存放和处理战争遗留生物武器设施，保障对战争遗留生物武器的安全处置。

第八章　生物安全能力建设

第六十六条　国家制定生物安全事业发展规划，加强生物安全能力建设，提高应对生物安全事件的能力和水平。

县级以上人民政府应当支持生物安全事业发展，按照事权划分，将支持下列生物安全事业发展的相关支出列入政府预算：

（一）监测网络的构建和运行；

（二）应急处置和防控物资的储备；

（三）关键基础设施的建设和运行；

（四）关键技术和产品的研究、开发；

（五）人类遗传资源和生物资源的调查、保藏；

（六）法律法规规定的其他重要生物安全事业。

第六十七条 国家采取措施支持生物安全科技研究，加强生物安全风险防御与管控技术研究，整合优势力量和资源，建立多学科、多部门协同创新的联合攻关机制，推动生物安全核心关键技术和重大防御产品的成果产出与转化应用，提高生物安全的科技保障能力。

第六十八条 国家统筹布局全国生物安全基础设施建设。国务院有关部门根据职责分工，加快建设生物信息、人类遗传资源保藏、菌（毒）种保藏、动植物遗传资源保藏、高等级病原微生物实验室等方面的生物安全国家战略资源平台，建立共享利用机制，为生物安全科技创新提供战略保障和支撑。

第六十九条 国务院有关部门根据职责分工，加强生物基础科学研究人才和生物领域专业技术人才培养，推动生物基础科学学科建设和科学研究。

国家生物安全基础设施重要岗位的从业人员应当具备符合要求的资格，相关信息应当向国务院有关部门备案，并接受岗位培训。

第七十条 国家加强重大新发突发传染病、动植物疫情等生物安全风险防控的物资储备。

国家加强生物安全应急药品、装备等物资的研究、开发和技术储备。国务院有关部门根据职责分工,落实生物安全应急药品、装备等物资研究、开发和技术储备的相关措施。

国务院有关部门和县级以上地方人民政府及其有关部门应当保障生物安全事件应急处置所需的医疗救护设备、救治药品、医疗器械等物资的生产、供应和调配;交通运输主管部门应当及时组织协调运输经营单位优先运送。

第七十一条 国家对从事高致病性病原微生物实验活动、生物安全事件现场处置等高风险生物安全工作的人员,提供有效的防护措施和医疗保障。

第九章 法律责任

第七十二条 违反本法规定,履行生物安全管理职责的工作人员在生物安全工作中滥用职权、玩忽职守、徇私舞弊或者有其他违法行为的,依法给予处分。

第七十三条 违反本法规定,医疗机构、专业机构或者其工作人员瞒报、谎报、缓报、漏报,授意他人瞒报、谎报、缓报,或者阻碍他人报告传染病、动植物疫病或者不明原因的聚集性疾病的,由县级以上人民政府有关部门责令改正，给予警告；对法定代表人、主要负责人、直接负责的主管人员和其他直接责任人员，依法给予处分，并可以依法暂停一定期限的执业活动直至吊销相关执业证书。

违反本法规定，编造、散布虚假的生物安全信息，构成违反治安管理行为的，由公安机关依法给予治安管理处罚。

第七十四条 违反本法规定，从事国家禁止的生物技术研究、开发与应用活动的，由县级以上人民政府卫生健康、科学技术、农业农村主管部门根据职责分工，责令停止违法行为，没收违法所得、技术资料和用于违法行为的工具、设备、原材料等物品，处一百万元以上一千万元以下的罚款，违法所得在一百万元以上的，处违法所得十倍以上二十倍以下的罚款，并可以依法禁止一定期限内从事相应的生物技术研究、开发与应用活动，吊销相关许可证件；对法定代表人、主要负责人、直接负责的主管人员和其他直接责任人员，依法给予处分，处十万元以上二十万元以下的罚款，十年直至终身禁止从事相应的生物技术研究、开发与应用活动，依法吊销相关执业证书。

第七十五条 违反本法规定，从事生物技术研究、开发活动未遵守国家生物技术研究开发安全管理规范的，由县级以上人民政府有关部门根据职责分工，责令改正，给予警告，可以并处二万元以上二十万元以下的罚款；拒不改正或者造成严重后果的，责令停止研究、开发活动，并处二十万元以上二百万元以下的罚款。

第七十六条 违反本法规定，从事病原微生物实验活动未在相应等级的实验室进行，或者高等级病原微生物实验室未经批准从事高致病性、疑似高致病性病原微生物实验活动的，由县级以上地方人民政府卫生健康、农业农村主管部门根据职责分工，责令停止违法行为，监督其将用于实验活动的病原微生物销毁或者送交保藏机构，给予警告；造成传染病传播、流行或者其他严重后果的，对法定代表人、主要负责人、直接负责的主管人员和其他直接责任人员依法给予撤职、开除处分。

第七十七条 违反本法规定，将使用后的实验动物流入市场的，由县级以上人民政府科学技术主管部门责令改正，没收违法所得，并处二十万元以上一百万元以下的罚款，违法所得在二十万元以上的，并处违法所得五倍以上十倍以下的罚款；情节严重的，由发证部门吊销相关许可证件。

第七十八条 违反本法规定，有下列行为之一的，由县级以上人民政府有关部门根据职责分工，责令改正，没收违法所得，给予警告，可以并处十万元以上一百万元以下的罚款：

（一）购买或者引进列入管控清单的重要设备、特殊生物因子未进行登记，或者未报国务院有关部门备案；

（二）个人购买或者持有列入管控清单的重要设备或者特殊生物因子；

（三）个人设立病原微生物实验室或者从事病原微生物实验活动；

（四）未经实验室负责人批准进入高等级病原微生物实验室。

第七十九条　违反本法规定，未经批准，采集、保藏我国人类遗传资源或者利用我国人类遗传资源开展国际科学研究合作的，由国务院科学技术主管部门责令停止违法行为，没收违法所得和违法采集、保藏的人类遗传资源，并处五十万元以上五百万元以下的罚款，违法所得在一百万元以上的，并处违法所得五倍以上十倍以下的罚款；情节严重的，对法定代表人、主要负责人、直接负责的主管人员和其他直接责任人员，依法给予处分，五年内禁止从事相应活动。

第八十条　违反本法规定，境外组织、个人及其设立或者实际控制的机构在我国境内采集、保藏我国人类遗传资源，或者向境外提供我国人类遗传资源的，由国务院科学技术主管部门责令停止违法行为，没收违法所得和违法采集、保藏的人类遗传资源，并处一百万元以上一千万元以下的罚款；违法所得在一百万元以上的，并处违法所得十倍以上二十倍以下的罚款。

第八十一条　违反本法规定，未经批准，擅自引进外来物种的，由县级以上人民政府有关部门根据职责分工,没收引进的外来物种,并处五万元以上二十五万元以下的罚款。

违反本法规定,未经批准,擅自释放或者丢弃外来物种的,由县级以上人民政府有关部门根据职责分工,责令限期捕回、找回释放或者丢弃的外来物种,处一万元以上五万元以下的罚款。

第八十二条　违反本法规定,构成犯罪的,依法追究刑事责任;造成人身、财产或者其他损害的,依法承担民事责任。

第八十三条　违反本法规定的生物安全违法行为,本法未规定法律责任,其他有关法律、行政法规有规定的,依照其规定。

第八十四条　境外组织或者个人通过运输、邮寄、携带危险生物因子入境或者以其他方式危害我国生物安全的,依法追究法律责任,并可以采取其他必要措施。

第十章　附　则

第八十五条　本法下列术语的含义:

(一)生物因子,是指动物、植物、微生物、生物毒素及其他生物活性物质。

(二)重大新发突发传染病,是指我国境内首次出现或者已经宣布消灭再次发生,或者突然发生,造成或者可能造成公众健康和生命安全严重损害,引起社会恐慌，影响社会稳定的传染病。

（三）重大新发突发动物疫情，是指我国境内首次发生或者已经宣布消灭的动物疫病再次发生，或者发病率、死亡率较高的潜伏动物疫病突然发生并迅速传播，给养殖业生产安全造成严重威胁、危害，以及可能对公众健康和生命安全造成危害的情形。

（四）重大新发突发植物疫情，是指我国境内首次发生或者已经宣布消灭的严重危害植物的真菌、细菌、病毒、昆虫、线虫、杂草、害鼠、软体动物等再次引发病虫害，或者本地有害生物突然大范围发生并迅速传播，对农作物、林木等植物造成严重危害的情形。

（五）生物技术研究、开发与应用，是指通过科学和工程原理认识、改造、合成、利用生物而从事的科学研究、技术开发与应用等活动。

（六）病原微生物，是指可以侵犯人、动物引起感染甚至传染病的微生物，包括病毒、细菌、真菌、立克次体、寄生虫等。

（七）植物有害生物，是指能够对农作物、林木等植物造成危害的真菌、细菌、病毒、昆虫、线虫、杂草、害鼠、软体动物等生物。

（八）人类遗传资源，包括人类遗传资源材料和人类遗传资源信息。人类遗传资源材料是指含有人体基因组、基因等遗传物质的器官、组织、细胞等遗传材料。人类遗传资源信息是指利用人类遗传资源材料产生的数据等信息资料。

（九）微生物耐药，是指微生物对抗微生物药物产生抗性，导致抗微生物药物不能有效控制微生物的感染。

（十）生物武器，是指类型和数量不属于预防、保护或者其他和平用途所正当需要的、任何来源或者任何方法产生的微生物剂、其他生物剂以及生物毒素；也包括为将上述生物剂、生物毒素使用于敌对目的或者武装冲突而设计的武器、设备或者运载工具。

（十一）生物恐怖，是指故意使用致病性微生物、生物毒素等实施袭击，损害人类或者动植物健康，引起社会恐慌，企图达到特定政治目的的行为。

第八十六条　生物安全信息属于国家秘密的，应当依照《中华人民共和国保守国家秘密法》和国家其他有关保密规定实施保密管理。

第八十七条　中国人民解放军、中国人民武装警察部队的生物安全活动，由中央军事委员会依照本法规定的原则另行规定。

第八十八条　本法自2021年4月15日起施行。

关于《中华人民共和国生物安全法(草案)》的说明

——2019年10月21日在第十三届全国人民代表大会常务委员会第十四次会议上

全国人大环境与资源保护委员会主任委员 高虎城

委员长、各位副委员长、秘书长、各位委员：

生物安全是人民健康、社会安定、国家利益的重要保障。当前，生物安全已成为我国面临的重大安全问题和重要挑战。党的十八大以来，以习近平同志为核心的党中央高度重视生物安全工作，把生物安全纳入国家安全战略，提出建立健全生物安全法律法规体系。习近平总书记多次就生物安全问题作出重要指示，并要求加快立法步伐。中央国家安全委员会就生物安全作出顶层设计，生物安全立法是通过法律形式贯彻落实党中央的战略部署，把党的主张转化为国家意志。

全国人大常委会坚决贯彻落实习近平总书记指示精神，把生物安全法纳入十三届全国人大常委会立法规划和2019年度立法工作计划，交由全国人大环境与资源保护委员会（以下简称"环资委"）负责牵头起草和提请审议。栗战书委员长就加快生物安全立法多次作出批示，提出具体要求，并于今年7月在北京主持召开生物安全立法座谈会。

按照立法工作计划的要求，成立了由环资委牵头，有关部门共同参加的生物安全立法工作领导小组，制定了立法工作方案和工作计划，多次召开座谈会，认真听取有关部门和专家学者的意见和建议。先后赴北京、天津、上海、广东等省、市调研，了解有关单位和地方工作及管理情况。同时，认真研究国际立法经验、梳理国内相关法律法规。在此基础上形成了《中华人民共和国生物安全法（草案）》（以下简称"草案"），共计七章，七十五条。2019年9月19日，经环资委第十八次全体会议审议通过。现就有关情况说明如下：

一、关于立法的必要性和重要性

根据党中央部署，适应我国生物安全面临的新形势、新问题、新任务，制定一部具有基础性、系统性、综合性和统领性的生物安全法十分必要、重要而紧迫。

（一）生物安全立法是维护国家安全的需要。生物技术在带给人类进步和益处的同时，也带来生物安全问题和威胁。当前我国生物安全形势严峻,生物战和以非典、埃博拉病毒、非洲猪瘟等为代表的重大新发突发传染病及动植物疫情等传统生物威胁依然多发,生物恐怖袭击、生物技术误用谬用、实验室生物泄漏等非传统生物威胁凸显。亟待通过生物安全立法应对上述挑战,用法律划定生物技术发展边界,引导和规范人类生物技术的研究应用,促进生物技术健康发展,防止和减少由生物技术侵害行为带来的危害。

(二)生物安全立法是构建国家生物安全体系的需要。通过立法建立起行之有效的生物安全管理体制和机制,建立相应的法律制度和措施,明确社会各方面的生物安全责任,界定公共管理部门、社会组织和公民个人的权利义务关系,保证社会各方面依法担负起维护生物安全的责任,保障国家生物资源和人类遗传资源的安全,通过制度安排保护和运用好应对生物威胁的物质基础和条件,依法守护好我们的家园。

(三)生物安全立法是提升国家生物安全能力建设的需要。当前,我国在生物技术研发、基础设施建设上相对落后,在技术、产品和标准上存在较大差距,生物安全原创技术少,优秀成果少。将国家生物安全能力建设纳入法律,以法律形式将鼓励自主创新的产业政策和科技政策固定下来,牢牢掌握核心关键生物技术,依法保障和推进我国生物技术的发展,提升防范风险和威胁的能力。

（四）生物安全立法是顺应民意回应社会关切的需要。全国人大代表连续多年提出生物安全立法议案，十二届全国人大会议期间，154位全国人大代表共提出五件有关生物安全立法的议案；十三届全国人大一次和二次会议期间，共有214位全国人大代表提出七件有关生物安全立法的议案，这些议案均要求加快生物安全立法进程，充分表达了人民对依法维护国家生物安全、维护人民利益的呼声。生物安全立法得到广大人民群众的关注和拥护，为生物安全立法奠定了重要的社会基础。

（五）生物安全立法是维护世界和平稳定履行国际承诺的需要。随着生物技术的不断发展，生物恐怖袭击、生物武器威胁更加明显，生物技术的误用和谬用，重大新发突发传染病和动植物疫情等生物威胁，给国际社会带来恐慌甚至灾难。为应对生物威胁和挑战，国际社会加快了法治建设进程。联合国通过了《禁止生物武器公约》、《生物多样性公约》、《国际植物新品种保护公约》、《国际植物保护公约》等国际公约，我国已批准这些公约并作出了承诺。制定生物安全法有利于防范生物威胁，与世界各国一道共同维护世界的和平与稳定。

二、关于立法工作的指导思想、原则和基础

生物安全立法工作以习近平新时代中国特色社会主义思想为指导，贯彻落实习近平总书记关于生物安全的重要指示精神；在坚持总体国家安全观的前提下，落实党中央关于维护国家生物安全的战略部署；以保护我国生物资源安全，促进和保障生物技术发展，防范和禁止利用生物及生物技术侵害国家安全为重点，建立完善我国生物安全法律制度体系和管理机制为目标，聚焦生物安全领域主要问题。按照统筹安全和发展的要求，遵循科学立法、民主立法、依法立法的原则。

近年来，全国人大常委会根据社会发展的需要，制定了与生物安全相关的多部法律，从不同方面对生物安全问题做出了相应规范；国务院制定了多部有关生物安全的行政法规，国务院有关部门制定了大量与生物安全相关的部门规章和规范性文件，为制定生物安全法提供了重要的实践经验和条件，制定生物安全法又为建立完善我国生物安全法律体系奠定了基础。

三、"草案"的主要内容

（一）关于立法目的

"草案"第一条明确规定："为了维护国家生物安全，保障人民生命健康，保护生物资源，促进生物技术健康发展，防范生物威胁，促进人类命运共同体建设，制定本法"。维护国家生物安全是总体要求，保障人民生命健康是根本目的，保护生物资源、促进生物技术健康发展、防范生物威胁是主要任务。通过实现生物安全，促进人类命运共同体建设，是新时代中国特色社会主义外交方略的具体内容之一，体现和表达了我国寻求人类和谐共生的良好愿望和主张。

(二) 关于法律适用范围

"草案"根据中央有关生物安全的方针和政策，确定了法律适用范围主要包括八个方面：一是防控重大新发突发传染病、动植物疫情，体现对人民生命健康的呵护；二是研究、开发、应用生物技术，重点在于推进生物技术的健康发展；三是保障实验室生物安全，以确保作为生物技术研究、开发、应用活动平台及人和环境的安全，保障生物技术研发、应用的顺利进行；四是保障我国生物资源和人类遗传资源的安全，为国家生物安全奠定重要的物质基础；五是防范外来物种入侵与保护生物多样性，以确保我国的生态安全；六是应对微生物耐药，以保障人类和动物的生命安全；七是防范生物恐怖袭击，以保证社会安宁、人民安居乐业；八是防御生物武器威胁，以维护国家安全。这八个方面的行为及其相关管理行为，是本法规范和调整的范围。

(三) 关于管理体制和基本制度

生物安全立法涉及的范围广泛，上述八个方面的行为要素及其行为流程众多，且相对独立。为此，"草案"在管理体制上明确实行"协调机制下的分部门管理体制"，以统筹协调八个方面各种不同的行为要素和行为流程，在充分发挥分部门管理的基础上，对争议问题、需要协调的问题，由协调机制统筹解决；在制度设置上，建立了满足相关行为要素共同特征的制度体系，如监测预警体系、标准体系、名录清单管理体系、信息共享体系、风险评估体系、应急体系、决策技术咨询体系，并明确了海关监管制度和措施等。

（四）关于生物安全能力建设

"草案"设专章规定了生物安全能力建设，主要体现为通过加大经费投入、基础设施建设、人才培养，鼓励和扶持自主研发创新、科技产业发展等途径对生物安全工作给予财政资金支持和政策扶持，促进和加强生物安全的能力建设。同时，"草案"还要求在体制、机制上提升我国的生物安全能力建设。

（五）关于法律责任

"草案"在第六章法律责任部分规定了对国家公职人员不作为或者不依法作为行为的处罚规定，上述处罚规定对应相应的职权，有利于保证依法行使职权，有利于保障法律建立的各项制度的切实实施；同时，针对前一时期发生的生物技术谬用等行为和事件，我国法律缺乏相应处罚规定的问题，"草案"明确了相应的刑事责任及处罚，填补了法律空白。

四、需要重点说明的情况

（一）关于外来物种入侵和野生动植物遗传资源管理

这两部分内容在"草案"中仅作原则表述，主要考虑：一是这两部分内容虽然也是生物安全的组成部分，但关注的主要是由生物导致的生态安全问题，而"草案"重点关注以生物技术为核心的生物安全问题；

二是这两部分内容相对独立，可以形成一部完整的单行法；三是"草案"的立法出发点是为了制定一部具有基础性、系统性、综合性和统领性的生物安全一般法，既要重视法律的完整性和系统性，又要突出重点，也要为生物安全的其他相关立法留出空间。

（二）关于解决生物伦理问题

"草案"在第七条、第六十四条对生物伦理问题作出了规定。有关生物伦理问题，世界各国相关立法主要采用三种管制方式：一是作出禁止性的规定；二是明确具体的监管手段，最典型的是进行伦理审查；三是作出有关刑罚的规定。在征求意见时，大部分部门和专家建议审慎采用伦理审查。为此，"草案"明确做出了禁止违反生物伦理的规定，并对实际从事违反生物伦理的行为作出了包括刑罚在内的处罚规定。

（三）关于刑事量刑规定

"草案"在第六十四条、第六十九条、第七十一条、第七十二条中作出了刑事量刑的规定，主要有如下考虑：一是随着新型犯罪手段和方式不断出现，生物犯罪作为新型犯罪行为，刑法中没有相关规定，需要作为刑法重要补充的其他刑事法律规范发挥应有的作用；二是在生物安全法中直接作出刑事量刑的规定，有利于社会公众更完整、充分地理解法律规定的含义，有利于法律的实施；三是在生物安全法中直接作出刑事量刑规定，有利于体现犯罪与刑罚的统一，避免将犯罪与刑罚分割在两个不同的法律中；四是部分参照了国际上有关国家立法中刑事处罚规定的通行做法。

《中华人民共和国生物安全法（草案）》和以上说明是否妥当，请审议。

全国人民代表大会宪法和法律委员会关于《中华人民共和国生物安全法（草案）》修改情况的汇报

全国人民代表大会常务委员会：

　　生物安全问题已经成为全人类面临的重大生存和发展威胁之一。习近平总书记指出，要从保护人民健康、保障国家安全、维护国家长治久安的高度，把生物安全纳入国家安全体系，系统规划国家生物安全风险防控和治理体系建设，全面提高国家生物安全治理能力，加快构建国家生物安全法律法规体系、制度保障体系。栗战书委员长、王晨副委员长多次就做好生物安全立法工作作出批示、提出要求、精心部署。常委会第十四次会议对生物安全法（草案）进行了初次审议。会后，法制工作委员会书面征求中央有关部门、单位和地方的意见，收集新冠肺炎疫情发生以来各方面有关生物安全立法的意见建议；深入学习贯彻习近平总书记重要讲话精神，和有关方面共同研究、交流沟通。宪法和法律委员会、环境与资源保护委员会和法制工作委员会召开座谈会，听取有关人大代表、部门、生物技术研究开发与应用单位、专业机构和专家的意见。宪法和法律委员会于4月3日召开会议，根据常委会组成人员的审议意见和各方面意见，对草案进行了逐条审议。中央国家安全委员会办公室、环境与资源保护委员会、司法部、国家卫生健康委员会、科学技术部、农业农村部的有关负责同志列席了会议。4月17日，宪法和法律委员会召开会议，再次进行审议。现将生物安全法（草案）主要问题的修改情况汇报如下：

一、贯彻落实习近平总书记将生物安全纳入国家安全体系的重要讲话精神，宪法和法律委员会经研究，建议作如下修改：一是明确生物安全是国家安全的重要组成部分，维护国家生物安全应当贯彻总体国家安全观。二是规定坚持中国共产党对国家生物安全工作的领导，建立健全国家生物安全领导体制，加强国家生物安全风险防控和治理体系建设，提高国家生物安全治理能力。同时按照加强生物安全风险防控和治理体系建设的要求，对草案结构进行适当调整，突出生物安全风险防控，将中央国家安全领导机构、生物安全工作协调机制以及地方政府及其部门的职责等内容整合到第二章，对生物安全风险监测、评估、预警和应对等集中作出规定，对各类生物安全风险防控分列专章作出规定。

二、草案第五条第一款规定了国家生物安全工作协调机制的职责。有的代表、部门、单位和地方建议明确协调机制的组成，强化协调机制作用。宪法和法律委员会经研究，建议将这一款修改为：国家生物安全工作协调机制由国务院卫生健康、农业农村、科学技术、外交等主管部门和有关军事机关组成，分析研判国家生物安全形势，组织协调、督促推进国家生物安全相关工作。

三、草案第四章第一节规定了重大新发突发传染病、动植物疫情的防控。有的部门、单位和专家提出，重大新发突发传染病、动植物疫情直接关系人民生命安全和身体健康，应当结合新冠肺炎疫情暴露出的问题完善监测、预警、报告、溯源等制度，加强防控。宪法和法律委员会经研究，建议作如下修改：一是增加监测预警制度，要求专业机构开展主动监测，收集、分析、报告监测信息，预测新发突发传染病、动植物疫病的发生、流行趋势；国务院有关部门和县级以上地方人民政府及时发布预警，采取相应的预防、控制措施。二是完善疫情报告制度，要求医疗机构、专业机构及其工作人员发现传染病、动植物疫病或者列入监测范围的不明原因疾病的，应当及时报告，并采取保护性措施；有关地方人民政府和部门对报告事项应当立即组织进行调查核实、确证，采取必要的控制措施，并及时报告调查情况；依法应当报告的，不得瞒报、谎报、缓报、漏报，不得授意他人瞒报、谎报、缓报，不得阻碍他人报告。三是建立溯源制度，要求国务院有关部门、有关地方人民政府组织开展流行病学调查、病原体溯源和传播途径研究。四是明确国家保护野生动物，加强动物防疫，防止动物源性传染病传播。目前正在对传染病防治法等法律开展评估，草案还将根据评估情况作进一步修改完善。

四、草案第七条第二款规定禁止从事违反伦理道德等危害国家生物安全的生物技术研究、开发、应用活动。有的常委会组成人员、部门和单位提出，违反伦理道德与危害生物安全分属道德评价和安全考量的不同问题，不宜将违反伦理道德的行为一律作为危害生物安全的情形，应区分不同情况作出规定。宪法和法律委员会经研究，建议作如下修改：一是明确从事生物技术研究、开发与应用活动应当符合伦理原则。二是规定从事生物医学新技术临床研究应经伦理审查。

五、草案第四章第二节规定了生物技术研究、开发与应用安全管理。有的常委委员、部门和专家提出，生物技术在促进身体健康、提高生活质量的同时，也可能被误用谬用，应当加强生物技术研究、开发与应用活动管理，完善管理制度，严格活动要求。宪法和法律委员会经研究，建议作如下修改：一是完善分类管理制度，明确根据对公众健康、工业农业、生态环境等造成危害的风险程度,将生物技术研究、开发活动分为高风险、中风险、低风险三类。二是明确从事生物技术研究、开发活动应当遵守国家生物技术研究开发安全管理规范,进行风险类别判断,密切关注风险变化,及时采取应对措施。三是明确从事高风险、中风险生物技术研究、开发活动,应当由在我国境内依法成立的法人组织进行,依法取得批准或者进行备案;应当进行风险评估,制定风险控制计划和生物安全事件应急预案,降低研究、开发活动的实施风险。

六、草案第四章第三节规定了实验室生物安全管理。有的常委委员、部门、地方和专家提出,病原微生物实验室直接从事病原微生物实验活动,生物安全风险较高,应当进一步强化实验室生物安全管理,明确实验活动要求,落实安全管理责任。宪法和法律委员会经研究,建议作如下修改:一是要求国家加强对实验室生物安全的管理,制定统一的实验室生物安全标准;实验室应当符合国家生物安全标准和要求。二是明确实验室从事病原微生物实验活动,应当严格遵守有关国家标准和实验室技术规范、操作规程。三是明确设立实验室,应当依法取得批准或者进行备案。四是明确对我国尚未发现或者已经宣布消灭的病原微生物,未经批准不得从事相关实验活动。五是要求实验室采取措施,加强对实验动物的管理,防止实验动物逃逸,实现实验动物可追溯,对使用后的实验动物进行无害化处理;禁止将使用后的实验动物流入消费市场。六是要求实验室加强对实验活动废弃物的管理，依法对废水、废气以及其他废弃物进行处置，采取措施防止污染。七是要求实验室的设立单位制定科学、严格的管理制度，定期对有关生物安全规定的落实情况进行检查，对实验室设施、设备、材料等进行检查、维护和更新，以确保其符合国家标准。八是要求实验室的设立单位制定生物安全事件应急预案，定期组织开展人员培训和应急演练；发生高致病性病原微生物泄漏、丢失和被盗、被抢或者其他生物威胁的，应当按照应急预案的规定及时采取控制措施，并按照规定报告。

七、草案对外商投资设立实验室、进入三级、四级实验室和从事国家生物安全基础设施重要岗位工作的人员作了限制性规定。有的常委委员、部门和单位提出，这些规定不够全面，也容易引起误解，建议研究修改。宪法和法律委员会经研究，建议作如下修改：一是明确外商投资设立实验室安全审查的内容，规定经审查可能影响公众健康、国家安全和社会公共利益的，不予批准。二是明确三级、四级实验室人员进入审核制度的具体要求，规定可能影响实验室生物安全的，不予批准；对批准进入的，应当采取安全保障措施。三是要求国家生物安全基础设施重要岗位从业人员应当具备符合要求的资格。

八、草案第四章第四节规定了人类遗传资源与生物资源安全管理。有的部门和专家提出，保障人类遗传资源与生物资源安全是维护国家生物安全的重要方面，应当进一步加强人类遗传资源与生物资源管理，明确采集、保藏、利用、对外提供等活动的要求。宪法和法律委员会经研究，建议作如下修改：一是明确国家加强对人类遗传资源和生物资源采集、保藏、利用、对外提供等活动的管理和监督，保障人类遗传资源和生物资源安全。二是规定采集、保藏、利用、对外提供我国人类遗传资源，应当符合伦理原则，不得危害公众健康、国家安全和社会公共利益。三是规定将我国人类遗传资源信息向境外组织、个人及其设立或者实际控制的机构提供或者开放使用的，应当事先报告并提交信息备份；可能影响公众健康、国家安全和社会公共利益的，还应当通过安全审查。

九、草案第三章规定了生物安全能力建设。有的常委委员、单位和专家建议增加财政投入，加大生物科技研究支持力度，提高应对生物安全风险的能力。宪法和法律委员会经研究，建议作如下修改：一是要求县级以上人民政府支持生物安全事业发展，加大对生物安全事业的投入，加强生物安全能力建设，提高应对生物安全事件的能力和水平。二是明确国家整合优势力量和资源，建立多学科、多部门协同创新的联合攻关机制，加大对生物科技研究的支持力度。三是要求保证生物安全事件应急处置所需的医疗救护设备、救治药品、医疗器械等物资的生产、供应。

十、草案第六章规定了法律责任,对一些违法行为直接规定了刑事处罚,具体列举了履行生物安全监督管理职责的工作人员应受处分的行为。有些常委委员、部门、单位和地方建议遵循我国现行刑事立法模式,删去刑事罪名的规定,由刑法统一规定;目前正在制定公职人员政务处分法,应当做好两法衔接,可不对应受处分的行为作具体列举;对有些违法行为只进行处分不够,有的处罚较轻,建议修改完善。宪法和法律委员会经研究,建议作如下修改:一是考虑到刑法规范的统一性,暂不在草案中规定具体的刑事责任,只作衔接性规定,明确违反本法规定构成犯罪的,依法追究刑事责任。关于生物安全领域需要增加的刑事责任问题,拟在刑法修正案(十一)中统筹考虑。二是对履行生物安全监督管理职责的工作人员应受处分的行为作原则规定,明确履行生物安全管理职责的工作人员在生物安全工作中滥用职权、玩忽职守、徇私舞弊或者有其他违法行为的,依法给予处分。三是增加专业机构及其工作人员不依法报告或者阻碍他人报告疫病信息,从事生物技术研究、开发与应用活动的单位未采取生物安全风险控制措施,将使用后的实验动物流入消费市场等违法行为的法律责任。四是加大对从事危害国家生物安全的生物技术研究、开发与应用活动等违法行为的处罚力度,处罚到人。五是做好与其他有关法律、行政法规的衔接,规定违反本法规定的生物安全违法行为，本法未规定法律责任，其他有关法律、行政法规有规定的，依照其规定。

此外，还对草案作了一些文字修改。

草案二次审议稿已按上述意见作了修改，宪法和法律委员会建议提请本次常委会会议继续审议。

草案二次审议稿和以上汇报是否妥当，请审议。

全国人民代表大会宪法和法律委员会
2020 年 4 月 26 日

全国人民代表大会宪法和法律委员会关于《中华人民共和国生物安全法(草案)》审议结果的报告

全国人民代表大会常务委员会:

常委会第十七次会议对生物安全法(草案二次审议稿)进行了审议。会后,法制工作委员会在中国人大网公布草案全文,征求社会公众意见,并再次书面征求中央有关部门、单位和地方的意见;多次召开座谈会、专家论证会,听取有关人大代表、中央有关部门、地方政府及有关部门、乡镇(街道)和社区、高等院校、专业机构和相关专家的意见;赴北京、湖北和有关科研机构进行调研,实地考察生物安全实验室、菌(毒)种保藏中心、生物技术研究开发机构等单位;委托有关高校就生物安全立法开展专题研究;就草案中的主要问题与有关方面反复沟通、共同研究。宪法和法律委员会于9月2日召开会议，根据常委会组成人员的审议意见和各方面意见，对草案进行了审议。中央国家安全委员会办公室、环境与资源保护委员会、司法部、国家卫生健康委员会、农业农村部、科学技术部的有关负责同志列席了会议。9月29日，宪法和法律委员会召开会议，再次进行了审议。宪法和法律委员会认为，为了维护国家安全，防范和应对生物安全风险，保障人民生命健康，保护生物资源和生态环境，促进生物技术健康发展，制定本法是必要的，草案经过两次审议修改，已经比较成熟。同时，提出以下主要修改意见：

一、草案二次审议稿第二条第一款规定了生物安全的定义。有些常委会组成人员、地方和社会公众提出，这一定义比较抽象和学术化，内涵要求不明确。宪法和法律委员会经研究，建议将生物安全的内涵明确为：国家有效防范和应对危险生物因子及相关因素威胁，生物技术能够稳定健康发展，人民生命健康和生态系统相对处于没有危险和不受威胁的状态，生物领域具备维护国家安全和持续发展的能力。

二、草案二次审议稿第三条规定了维护生物安全的原则。有的常委委员提出，原则宜简洁明了，建议进一步提炼概括，并突出重点。宪法和法律委员会经研究，建议明确维护生物安全应当"统筹发展和安全，坚持以人为本、风险预防、分类管理、协同配合的原则"。

三、有的常委委员、地方和社会公众建议落实地方生物安全工作责任，完善地方生物安全工作体制，加强对生物安全工作协调机制的力量支撑；总结新冠肺炎疫情防控经验，明确地方在疫情防控中的属地责任。宪法和法律委员会经研究，建议增加以下规定：一是省、自治区、直辖市建立生物安全工作协调机制，组织协调、督促推进本行政区域内生物安全相关工作。二是国家生物安全工作协调机制设立办公室，负责协调机制的具体工作。三是基层群众性自治组织应当协助地方人民政府以及有关部门做好生物安全风险防控、应急处置和宣传教育等工作。有关单位和个人应当配合做好生物安全风险防控和应急处置等工作。四是发生重大新发突发传染病、动植物疫情，地方各级人民政府统一履行本行政区域内疫情防控职责，加强组织领导，开展群防群控，动员社会力量依法有序参与疫情防控工作。

四、草案二次审议稿第十五条第二款规定了生物安全信息发布制度。有的常委委员和部门建议进一步明确信息发布主体，并与传染病防治法、突发事件应对法等法律做好衔接。宪法和法律委员会经研究，建议明确重大生物安全信息由国家生物安全工作协调机制成员单位根据职责分工发布，其他生物安全信息由国务院有关部门和县级以上地方人民政府及其有关部门根据职责权限发布。

五、有的常委会组成人员和部门建议将生物安全审查制度作为生物安全领域基本制度。宪法和法律委员会经研究，建议合并草案二次审议稿有关外商投资设立病原微生物实验室安全审查、对外提供我国人类遗传资源信息安全审查的内容，增加一条规定：国家建立生物安全审查制度。对影响或者可能影响国家安全的生物领域重大事项和活动，由国务院有关部门进行生物安全审查，有效防范和化解生物安全风险。

六、有的部门和专家提出，草案二次审议稿第三十一条规定的抗生素药物涵盖的范围较窄，建议修改为抗微生物药物；目前我国对微生物耐药的研究尚不充分，有些工作还较滞后，应当鼓励开展基础研究；微生物耐药的重要原因是药物滥用，应当加强抗微生物药物使用管理。宪法和法律委员会经研究，建议作以下修改：一是规定国家加强对抗生素药物等抗微生物药物使用和残留的管理，支持应对微生物耐药的基础研究和科技攻关。二是要求加强对医疗机构和农业生产中合理用药的指导和监督，采取措施防止抗微生物药物的不合理使用。三是要求建立抗微生物药物污染物指标评价体系。

七、有的常委会组成人员、部门和专家建议明确国家对人类遗传资源和生物资源享有主权。宪法和法律委员会经研究，建议采纳这一意见。

八、草案二次审议稿第九章规定了法律责任。有的常委会组成人员、部门、地方和社会公众建议增加对相应违法行为的处罚，加大处罚力度，明确民事责任，并对境外危害我国生物安全的有关违法行为予以惩治。宪法和法律委员会经研究，建议作以下修改：一是增加对从事生物技术研究、开发活动未遵守国家生物技术研究开发安全管理规范行为的处罚。二是加大处罚力度，提高对从事国家禁止的生物技术研究、开发与应用活动等违法行为的罚款幅度。三是明确违反本法规定，造成人身、财产或者其他损害的，依法承担民事责任。四是增加规定：境外组织或者个人通过运输、邮寄、携带危险生物因子入境或者以其他方式危害我国生物安全的，依法追究法律责任，并可以采取其他必要措施。

此外，还对草案二次审议稿作了一些文字修改。

9月27日，法制工作委员会召开会议，邀请全国人大代表、地方政府部门、企业、专家学者等就草案中主要制度规范的可行性、出台时机、实施的社会效果和可能出现的问题等进行评估。与会人员普遍认为，草案坚持总体国家安全观，统筹发展和安全，建立健全国家生物安全领导体制机制，构建科学完备的生物安全风险防控制度，加强生物安全能力建设，从严设定法律责任，与相关法律法规做好衔接，具有可行性、可操作性和一定的前瞻性。当前生物安全形势日益严峻，出台生物安全法正当其时，草案经过多次审议修改已经比较成熟，建议尽快审议通过。这部法律的颁布施行，将有利于保障人民生命安全和身体健康，维护生物安全和生态安全，促进生物产业有序健康发展。同时，与会人员还对草案提出了一些具体修改意见，宪法和法律委员会进行了认真研究，对有的意见予以采纳。

草案三次审议稿已按上述意见作了修改，宪法和法律委员会建议提请本次常委会会议审议通过。

草案三次审议稿和以上报告是否妥当，请审议。

全国人民代表大会宪法和法律委员会
2020年10月13日

全国人民代表大会宪法和法律委员会关于《中华人民共和国生物安全法(草案三次审议稿)》修改意见的报告

全国人民代表大会常务委员会：

　　本次常委会会议于10月13日下午对生物安全法(草案三次审议稿)进行了分组审议，普遍认为，草案已经比较成熟，建议进一步修改后，提请本次常委会会议表决通过。同时，有些常委会组成人员还提出了一些修改意见。宪法和法律委员会于10月14日上午召开会议，逐条研究了常委会组成人员的审议意见，对草案进行了审议。中央国家安全委员会办公室、环境与资源保护委员会、司法部、国家卫生健康委员会、农业农村部、科学技术部、国家药品监督管理局的有关负责同志列席了会议。宪法和法律委员会认为，草案是可行的，同时，提出以下修改意见：

一、有的常委会组成人员建议在防控重大新发突发传染病疫情中增加对受感染人员进行医疗救治的内容。宪法和法律委员会经研究，建议采纳这一意见。

二、草案三次审议稿第四十八条第二款规定，病原微生物实验室负责人对实验室的生物安全全面负责。有的部门提出，实验室的设立单位对实验室生物安全负有重要责任，建议增加实验室设立单位法定代表人责任的规定。宪法和法律委员会经研究，建议将这一款修改为：病原微生物实验室设立单位的法定代表人和实验室负责人对实验室的生物安全负责。

三、有的常委委员提出，生物安全规划对加强生物安全能力建设、提升国家生物安全治理能力具有重要意义，建议增加这方面内容。宪法和法律委员会经研究，建议增加规定"国家制定生物安全事业发展规划"。

四、有的常委委员建议增加相关违法行为的法律责任，并进一步加大处罚力度，形成震慑。宪法和法律委员会经研究，建议作以下修改：一是增加编造、散布虚假的生物安全信息，个人设立病原微生物实验室等违法行为的法律责任。二是加重对从事国家禁止的生物技术研究、开发与应用活动的处罚，对单位增加"可以依法禁止一定期限内从事相应的生物技术研究、开发与应用活动，吊销相关许可证件"，对责任人员增加"处十万元以上二十万元以下的罚款"，"依法吊销相关执业证书"。

在常委会审议中，有些常委会组成人员还就补充完善生物安全风险防控制度提出了一些好的意见和建议。宪法和法律委员会经研究认为，生物安全法是生物安全领域的基础性法律，主要对生物安全体制机制和基本制度作出规定，有的内容可在相关专门法律、行政法规和规章中予以细化。有的常委委员建议对一些严重违法行为规定刑事责任。宪法和法律委员会经研究认为，刑法已经对危害公共安全、公共卫生等行为的刑事责任作了规定，正在审议的刑法修正案（十一）草案对非法采集我国人类遗传资源等生物安全犯罪作了规定，草案已对这一问题作了衔接性规定，可不再作具体规定。有的常委会组成人员还建议抓紧制定修改相关配套规定，加大法律宣传力度。宪法和法律委员会建议国务院及其有关部门尽快制定完善相关配套规定，扎实做好法律宣传工作，切实保障法律贯彻实施。

经与有关部门研究，建议将本法的施行时间确定为2021年4月15日。

此外，根据常委会组成人员的审议意见，还对草案三次审议稿作了个别文字修改。

草案建议表决稿已按上述意见作了修改，宪法和法律委员会建议本次常委会会议审议通过。

草案建议表决稿和以上报告是否妥当，请审议。

全国人民代表大会宪法和法律委员会
2020年10月16日